T0210308

ENSEÑANDO A TOCAR A LOS DEDITOS

NOTA A LOS PADRES

ESTE ES EL PRIMER LIBRO DE PIANO DE SU NIÑO.

Como padre, tiene usted el derecho de esperar progresos en él. Si los padres ayudan al maestro, entusiasmando e interesando al niño en cada lección, el resultada hablará por si mismo.

Después que el niño aprenda un ejemplo, incítelo a que ilumine los dibujos con lapices de colores. Las palabras han sido añadidas a los ejemplos musicales, para ayudarle a interpretar el espíritu de la melodia. Leaselos, pues, y expliquele el significado. Estas melodías fueron cuidadosamente escritas y procuróse conservarlas de tal manera simples, que estuvieran dentro del alcance del tamaño de la mano de un niño, que es, naturalmente, muy pequeña. Ayudele a tocar con el ritmo debido, y aunque-usted no toque, se divertirá; tratelo y verá!

Los padres que toquen el piano, aunque sea un poco, deben consultar un libro complementario ENSEÑANDO A TOCAR A LOS DEDITOS llamado TEACHING LITTLE FINGERS TO PLAY ENSEMBLE. Es este un libro aparte que contiene un accompañamiento para duetos, arreglados para suplementar las harmonias de EN-SEÑANDO A TOCAR A LOS DEDITOS. Usando el libro suplementario los padres y maestros pueden tocar DUE-TOS con el discipulo, quien posiblemente encontrará los estudios pianisticos algo solitarios al principio. Es tam-bien uno de los medios mas deliciosos de gozar la musica en el hogar, y en añadidura, desarrolla la estricta ob-servancia del ritmo, facilitando, también, la lectura de las notas.

Un libro parecido puede usarse después de algunos meses de estudio. Es el llamado A TUNEFUL DUET AL-BUM FOR THE FIRST YEAR por John Thompson Jr. Contiene trece melodias familiares arregladas para duetos, de manera que el alumno de primer grado pueda tocar duetos con sus padres, maestro o discipulo adelantado. (Vease la cubierta posterior de este libro). Puede usted conseguir estos libros con los profesores de música o con cual-quiera de las casas de müsica.

EXCLUSIVELY DISTRIBUTED BY

WILLIS MUSIC

HAL•LEONARD® CORPORATION
7777 W. BLUEMOUND RD. P.O. BOX 13819
MILWAUKEE, WISCONSIN 53213

W. M. Co. 8217

PARA EL MAESTRO

1. Enseñe Usted primero las teclas en **Grupos de Tres**. Asi que cada grupo es aprendido haga Usted al alumno hallar todas las teclas de ese grupo en cada octava y en todas las octavas del teclado. Esto es de suma importancia. De este modo las teclas blancas se pueden enseñar en una lección.

2. Luego enseñe Usted la lección: **NOTACIONES ELEMENTALES**, Pag. 3.

3. Enseñe al alumno las notas en la Pag. 4. Para estar seguro de que el alumno está actualmente tocando por notas, debe de requeirse que el ejemplo sea ejecutada en dos modos. Primero teniendo el alumno contar en voz alta, leugo cantando los nombres de las notas mientras tocan. También pueden usarlo mas tarde como una canción, haciendo uso de las palabras.

4. Es una idea excelente en tener al alumno tocar la pieza en varias octavas—ascendiendo y descendiendo—del que está escrito, de este modo llega a dominar por completo el teclado.

5. No descuiden el valor del uso de los cuadernos para la tarea en casa. No solo desarrolla la certidumbre en cuanto a los signos musicales como así también desarolla la abilidad de leer a primera vista.

El libro de John Thompson's "**NOTAS DELETREADAS**" es designado especialmente para los principiantes. Progresa en el mismo orden como las lecciones del teclado y proporciona la práctica en escribiendo **Las Claves**, **Las Linias Divisorias**, **Los Compases**, **Valores de Tiempo**, **Los Ritmos**, **Anotaciones**, **Silencios**, **Alteraciones**, **Leer a Primera Vista**, **Transposición**, **Dictado Y Escribiendo Pequeña Melodias**.

J. T.

Printed in U. S. A

W. M. Co. 8217

EL PENTAGRAMA GRAN

Clave de Sol

Siempre se coloca al final de una pieza

Línea Divisoria

Línea Divisoria

Línea Divisoria

Línea Final o Doble Línea Divisoria

Compás

Compás

Compás

Compás

Clave de Fa

LAS NOTAS

♩ Negra o Quarta —1 tiempo

♩. Blanca con puntillo —3 tiempos

♩ Blanca o Media —2 tiempos

𝅝 Redonda o Unidad —4 tiempos

TIEMPO

El Rítmo o Tiempo es indicado por los números colocados al principio de cada pieza.

El número superior indica cuantos tiempos en cada compás.

El número inferior indica la CLASE de nota que vale un tiempo.

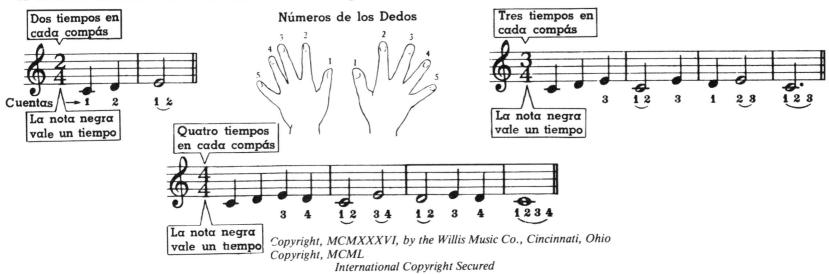

Dos tiempos en cada compás

Cuentas 1 2 1 2

La nota negra vale un tiempo

Números de los Dedos

Tres tiempos en cada compás

3 1 2 3 1 2 3 1 2 3

La nota negra vale un tiempo

Quatro tiempos en cada compás

3 4 1 2 3 4 1 2 3 4 1 2 3 4

La nota negra vale un tiempo

W. M. Co. 8217

Grupo de la mano derecha para esta pieza

DO RE MI

Encuentre DO RE MI en otras partes del teclado

Fiesta De Cumpleanos

Fuerte   Debil

A - qui   voy.   fe - liz   soy.

Lle - go   a la   fies - ta.

W. M. Co. 8217

Grupo de la mano izquierda para esta pieza.

Encuentre LA SI DO en otras partes del teclado.

Balada

Duér – me   ya,   duér – me   ya,

Te   ve   ré   ma – ña – na.

Cuando el rabito del Do Central está
hacia arriba tóquese con la mano derecha.
Cuando el rabito del Do Central está
hacia abajo tóquese con la mano izquierda.

Grupo de la mano izquierda

Grupo de la mano derecha

El Beis-bol

El   Beis   —   bol   co — men   — zó,

Nues — tro e — qui — po ju — gó.

Sol La Si Do Re Mi Fa

Grupo de la M. I.   Grupo de la M. D.

NOTA BLANCA CON PUNTILLO
(Nota de tres tiempos)

Detenida 3 tiempos (1, 2, 3)
Un Puntillo añada la mitad
del valor de la nota que
le antecede a la misma nota.

El Cartero

Fuerte   Débil Débil

El numero superior indica
que deben contarse 3
tiempos en cada compas.

El numero inferior indica
que cada nota negra vale
un tiempo.

El ritmo de 3/4 tiene una
nota acentuada y dos
debiles.

Car - te - ro   soy   Me - es - pe   ras;

To - dos   los   di - as   mis   car - tas   ve - rás..

Marca tu mismo los GRUPOS de la mano la derecha
y la izquierda

La Lluvia

4 tiempos en cada
compás

La nota negra vale
1 tiempo

El ritmo de 4/4 tiene
un tiempo marcado y
tres débiles.

Tip-tip, tap-tip, las go-ti-tas de la llu-via lle-gan,

Y los vien-tos tris-te-men - te sus-can-cio-nes lle-van.

Canción De Los Boteros Del Volga

Tra-ba-je — mos! Oh, tra-ba-je — mos! Si

can-tas, can-tas tu des-can-sa rás.

LA MEDIA NOTA PUNTEADA

EN RITMO DE 4/4

La música puede ser ALEGRE (cuando está escrita en tono mayor) y TRISTE (cuando el tono es menor). Esta famosa canción folklórika Rusa es un ejemplo del tono TRISTE.

Hace ya mucho años, antes que hubiese barcos de vapor, los campesinos que vivían en las orillas del Rio Volga halaban barcazas cargadas con pesada mercancía, a lo larga del Rio de una población a los villorios vecinos.

El esfuerzo de aquellos infelices dedicados a esta labor era terrible. Mientras que luchaban contra la corriente, aligreraban su trabajo cantando los tristes acordes de esta rítmica melodía.

Los notas agrupadas, asi como las palabras en los libros nos cuentan historias cuando forman grupos. Una linea curva sobre un grupo de notas indica las ORACIONES MUSICALES llamadas FRASES.

Grupo de la M. I.   Grupo de la M. D.

NOTAS REPETADAS

Un Mensaje

Canción Folklórica Inglesa

Toc, toc, toc, toc | al-guien lla-ma | un men-sa-je | a mi puerta,

Toc, toc, toc, toc | ya pue-de ir-se | dé-je lo en la | puer-ta.

Grupo de la M. I.   Grupo de la M. D.

Campanas

Ding dong, dong ding, Can-ta el re — loj; De la to — rre

Del Gran Se — ñor. Dong, dong, dong, dong.

El Buen Rey Wenceslao

Esta antiquísima melodía era una de las favoritas de los cantantes populares durante la Navidad, los cuales pedían limosna hace muchos siglos. Está basada en la leyenda del Rey Wenceslao, el Santo, Rey de Bohemia en el Siglo décimo. En la fiesta de Sn. Esteban, (26 de Dic.), este bondadoso rey buscaba a los pobres, dándoles limosnas.

Canción de Navidad Inglesa

Wen-ces – la-o el Rey sa – lió Des-de la ma – ña – na

Pa-ra ha – cer la ca – ri – dad, A los ni-ños po – bres.

W.M.Co. 8217

En las anotaciones musicales existen signos llamados SILENCIOS que indican cuando y durante cuanto tiempo los dedos deben permanecer inmoviles.

	SILENCIO DE NEGRA	SILENCIO DE BLANCA	SILENCIO DE REDONDA
SILENCIOS			
Valor correlativo con la NOTA			
TIEMPOS	1	1, 2	1, 2, 3, 4

Canción Matinal

Ma - ry es ho-ra de tra — ba — jar, le -

ván — ta — te, le - ván — ta — te

Ma - ry es ho-ra de tra — ba — jar Pues hay que ir a la es - cue — la.

LEA y NOMBRE las cuatro notas que, en relación con el Do Central, van encima y abajo de él. Cuente conforme vaya tocando.

W.M.Co. 8217

Lupe Y Roberto

El valor de una corchea ♪ es de la mitad de el de una negra. Tóquense DOS corcheas ♫ a CADA tiempo.

Volando A La Luna

Canción Folklórica Americana
(Adaptada)

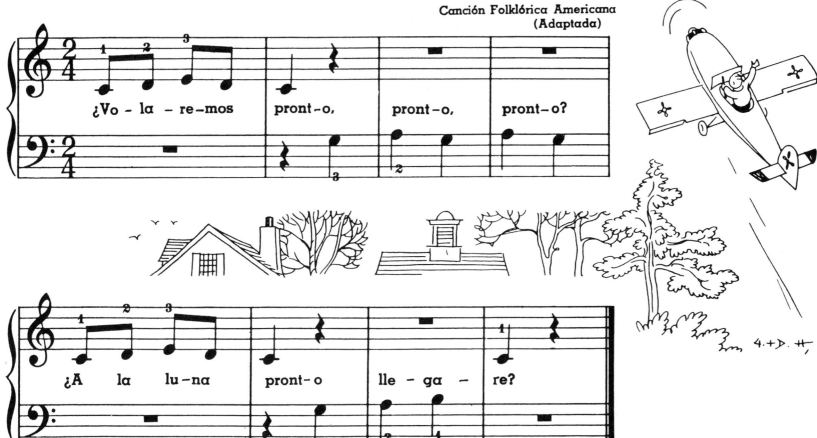

¿Vo - la - re-mos   pront-o,   pront-o,   pront-o?

¿A   la   lu-na   pront-o   lle - ga -   re?

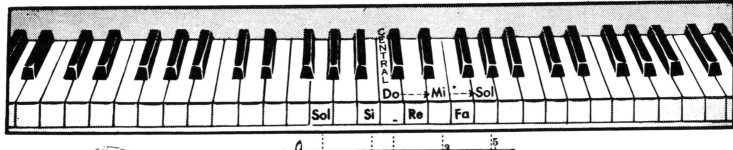

Grupo de la M. I.
Saltándose 1 tecla blanca

Grupo de la M. D.
Saltándose 2 teclas blancas

Melodia
(De la Sinfonía Sorpresa)

"Papá Haydn" heredó su humor y genio de su padre, Matías Haydn, que era un hombre trabajador y alegre. Vivió en Rohrau, pequeña ciudad austriaco. Matías Haydn tenía una magnifice voz de tenor y era el organista de la iglesia de su pueblo. A la edad de cinco años, llevó a su hijo Joseph a una ciudad vecina para que se le enseñara música. El niño fué muy desgraciado durante su estancia, y una día, a resultas de una broma, le dejaron en la calle toda la noche durante una tormenta. A la mañana siguiente fué a casa de un amigo suyo, peluquero y barbero, quien le permitió que se quedase en el desván. Fué aquí en donde, usando un harpsicordio viejo y abandonado Haydn estudiaba durante las noches frías, cuando el viento y la nieve se infiltraban a través de las rendijas del techo. Después de muchos años de estudio y trabajo, compuso muchas de las obras musicales más deliciosas de todos los tiempos.

Pa-pá Hay-dn ya mu-rió, Pe-ro no lo he vis-to yo

Su me-mo-ria vi-vi-rá, Siem-pre en mi cor-a-zón

W. M. Co. 8217

(Una Octava Abajo Del Do Central)

PEPARACION

Encuentre, nombre y toque los tres sol. Encuentre, nombre y toque los tres do. Toque y nombre el primer y segundo grupo de la mano izquierda y el grupo de la mano derecha.

2d Grupo M. I.   1r Grupo M. I.

El Pato Y La Rana

"Quack," "quack," "quack" can-ta el pa-to, "Quack"

"Croak," "croak," "croak!" la ra-ni-ta, "Croak!"

A este signo # se le llama SOS-
TENIDO. En esta pieza lo encon-
trarás en el primero y quinto compás en frente de FA. Este signo
indica que en lugar de tocar la
tecla blanca de FA, toques la negra que está a su derecha.

Grupo de la M. I.   Grupo de la M. D.

Barquitos De Papel

En las a - guas   de mi tie - rra   los ve - le - ros   via-jan,

Y en mi ti - na   los bar - qui - tos   de pa - pel se   van.

W. M. Co. 8217

A Mi Trineo

Cuando el signo de SOSTEN-IDO # está entre la clave y el tiempo, se convierte en esta pieza. Todos los FA deben convertirse en sostenidos—tóquese en la tecla negra de FA.

En la nie – va blan-ca ve rás,

Que fe – liz te des li – zá rás.

(La Ligadura)

La Mariposa

La ma - ri - po-sa en el di - a,

jue — ga, vue — la. so-bre las flo - res pe — que — ñas

del jar — dín.

LA LIGADURA

La ligadura es una línea curva que junta una nota con otra de la misma tonalidad, e indica que la segunda nota debe conservar su tiempo sin levantar la tecla.

W. M. Co. 8217

PREPARACION

Encuentre las teclas del grupo de la M. I.; digas respectivamente sus nombres y tócalas. Haz después lo mismo con el grupo de la M. D.

Grupo de la M. I.

Grupo de la M. D.

La Pregunta

ENANO:

"¿Por – qué   e – res   gran – de   tú?"

GIGANTE:

"Por   que   e – res   chi – co   tu."

DO ♯ (SOSTENIDO)
Busca y oye el do NEGRO central.

Campanas De Escocia

Antigua Canción Escocesa

"¿Oh? dón-de es-ta-rá a quél que tan-to te a-do-ro? Oh, dón-de es ta
-rá a quél que tan-to te a-do-ró? Lu-chando se en-cuentra quiera
Dios que vuel-va ya; Y qui-sie-ra que pronto vol-vi -e-se has-ta mí.

SALTANDOSE LAS TECLAS BLANCAS
(Triada)

Grupo de la M. I. Saltandose
2 NOTAS DE LINEA

Grupo de la M. D. Saltandose
2 NOTAS DE ESPACIO

Soldados De Juguete

Veleros

Ve-o los bar-cos de ve - la,

Sobre las o – las del mar. Quie-ro sa — ber ha-cia

don — de Los vien-tos los lle – va — rán.

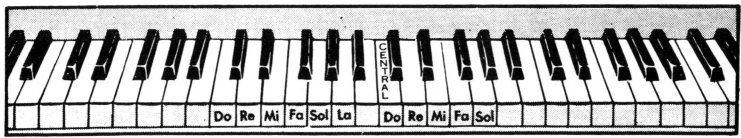

Este ♭ es la tecla negra llamada BEMOL. Indica que debes tocar la primera tecla negra a la izquierda de la tecla blanca el LA en esta pieza.

Este signo ♮ es un NATURAL, que indica; que cuando los veas antes de una nota que ha sido tosada en una tecla negra, debes tocarla en su NATURAL, es decir, en la tecla blanca.

Barcos De Vapor

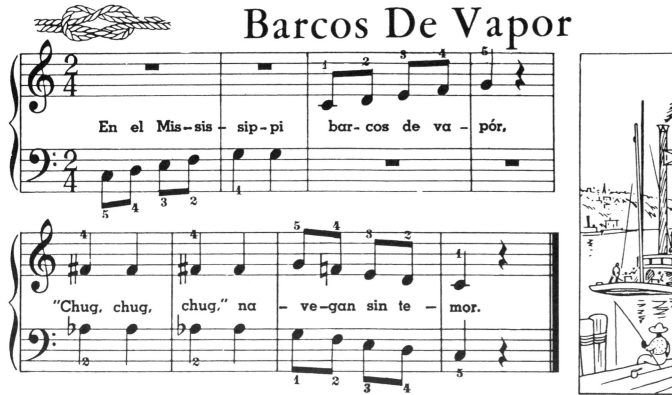

En el Mis-sis-sip-pi bar-cos de va-pór,

"Chug, chug, chug," na - ve-gan sin te - mor.

Viniendo Por La Montaña

SEGUNDA
(Para el maestro o discipulo ligeramente adelantado)

Viniendo Por La Montaña

PRIMERA

Canción Montañesa del Sur

SI BEMOL despues de la clave indica que todos los SI se deben tocar en la tecla negra a la izquierda de la tecla blanca de SI.

ANIMADO

Repítase ad lib.

Escalando

(LA - Sostenido)

"La" Sostenido es la primera tecla NEGRA a la DERECHA de La.

Grupo M. I.

Grupo M. D.
Saltándose las notas de ESPACIO Fa y Fa y La.

La Abeja

La a — be — ja | que del cam — po sa — ca la miel,

Pi — ca — rá a los ni — ños que se por — ten mal.

Esta pieza, comienza con un tiempo débil — el último rítmo en un compás. Debes, por lo tanto, acentuar el primer rítmo después de la linea divisoria. Los tiempos faltantes del primer compás estaran en el último compás de la pieza.

Mi Novia

(Canción Escolar)

Mi no-via se va por los mar-es, — Mi

no-via se a le-ja sin mí — Mi no-via se

va por los mar-es, n, — Oh trai-gan-me mi no-via a mí.

Vacaciones

8······ significa: tóquese una octava más alta.
(Octava — —ocho teclas)

Ya vuel-ven los dí-as de va-ca — ción; ya voy a vol — ver a ju —

gar; las nu-bes son blan-cas co — mo u-na - flor, ven,

va — mos a ju — gar. ____

DUET

Mi Rancho En Los Llanos

SEGUNDA

Para el maestro (o alumno ligeramente adelantado)

Lento, con mucha expresión

Canción de Vaqueros

Mi Rancho En Los Llanos

PRIMERA

Lento, con mucha expresión

Canción de Vaqueros

Qui-sie-ra es-tar yo en el vie jo lu-gar en don-de mi a morque dó; a llá don-de el sol brilla

con gran ful-gor, a-llá don-de el cie-lo es a-zul ¿Cuán-do vol-ve-ré a

ver-te mi vie-jo lu-gar? Qui-sie-ra es-tar yo en el vie-jo lu-gar en don-de mi novia que-dó.

¿Cuidate Mago?

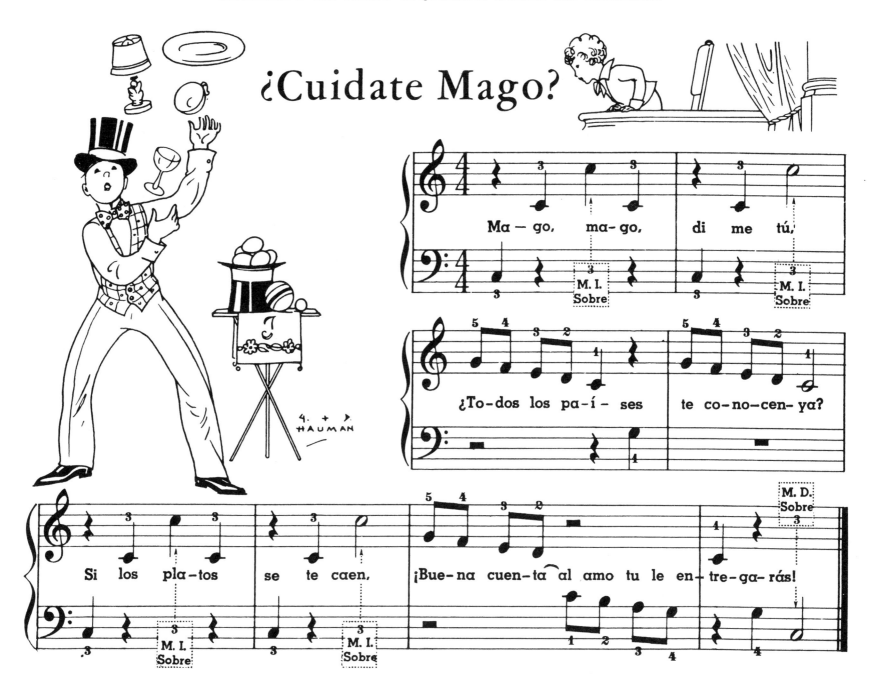

Do Mi Fa Sol Do Mi Sol

juntas

Tóquense ambas teclas juntas

M. D. Mi bemol es la primera tecla NEGRA a la IZQUIERDA de la tecla blanca de MI.

Tambores Indios

Diploma Al Merito

Certifico que

. . . .

ha completado satisfactoriamente el estudio de

ENSENANDO A TOCAR A LOS DEDITOS

y esta preparado para continuar con el

LIBRO PARA EL PRIMER GRADO DE JOHN THOMPSON

. . . .

Maestro

Fecha . . . .

W. M. Co. 8217